아우구스티누스의 고백

"아우구스티누스"

AUGUSTINUS

아우구스티누스의 고백
"아우구스티누스"

장 폴 몽쟁 씀 | 마리옹 잔느로 그림 | 박아르마 옮김 | 서정욱 해제

AUGUSTINUS

함께읽는책

나는 극장에서 상연되는 비극에 빠져들었습니다. 연극은 마치 내 자신의 불행을 보여 주는 듯했습니다. (……) 배우들이 불행하면 할수록 그 연극은 더욱더 나의 마음에 들었습니다. 나는 어른들의 사랑에 빠져들었고 연인들이 서로 헤어지면 그들과 함께 슬퍼했습니다. 그 슬픔으로 생겨난 아픈 상처를 피가 나도록 긁고 그런 상상으로 병든 나의 영혼을 끊임없이 자극했습니다. 나는 이렇게 살았습니다. 오, 하느님, 이것이 인생입니까?

목차

하느님, 당신은 너무나 위대합니다! 어떤 찬양이 당신께 합당하겠습니까? 그래도 나는
당신의 이름을 부릅니다. 당신께서는 당신을 섬기도록 나를 창조하셨으며, 당신께 기대
지 않고는 내 마음에 휴식이란 없기 때문입니다.

오, 하느님, 주님이시여, 당신은 너무나 온화하고 너무나 공정하고 너무나 전능하며 보
이지 않는 곳에 있으면서도 동시에 어디에서나 존재합니다. 당신의 나이는 많지도 적지
도 않습니다. 늘 변함없는 당신은 만물을 새롭게 만듭니다.

성스런 환희로 넘치는 분이시여, 내가 당신에 대해 말해야 한다면 무슨 말을 하면 되겠습니까?

나, 아우구스티누스는 당신이 만들어 낸 보잘것없는 작은 파편에 불과합니다. 주님이시여, 하지만 당신은 나를 찾아오셨습니다. 주님께서는 부족한 것이 아무것도 없는데 말입니다! 당신은 나와 같은 인간의 마음속 좁은 곳에서도 살고 계십니까? 또한 하늘과 땅을 창조하신 당신께서 저들에게 속할 수 있겠습니까?

당신은 내 어머니가 나를 가졌을 때부터 나를 지켜보셨습니다. 내가 아주 어렸을 때 당신은 내 삶의 전부였습니다. 하지만 나는 깨닫지 못했습니다. 내가 아는 것이라고는 어머니의 젖을 먹고 평온한 즐거움을 맛보고 우는 일뿐이었습니다. 다른 것은 아무것도 알지 못했습니다.

하지만 나는 분노와 시샘 때문에 이미 당신과 멀어졌습니다.

나는 아프리카의 타가스테에 있는 아버지의 집, 유모들 곁에서 처음 말을 배웠습니다. 그때 우리가 함께했던 놀이와 유모들의 정성 어린 보살핌을 기억합니다. 글 읽는 법을 배우기 위해 학교를 다니기 시작했지만, 게으른 나는 공을 가지고 노는 것을 더 좋아했습니다. 선생님은 이런 나에게 종종 매를 드셨습니다.

주님, 당신은 남몰래 나의 기도를 들어주고 나를 보호해 줄 수도 있었습니다. 철없는 아이였던 나는 당신께 기도하기 시작했습니다. 더 이상 학교에서 매를 맞지 않게 해달라고 더없이 열성적으로 간청했습니다. 당신께서는 나의 기도를 들어주지 않았고, 나의 부모는 매 맞는 나를 꾸짖었습니다. 하느님, 당신의 사랑이 아니었다면 어떻게 두려움 없이 참아냈겠습니까?

나는 친구들과 어울리기 위해 그들을 꾀어 종종 먹을 것을 훔치게 했습니다. 나는 자주 남을 속였고 잘못을 저질렀으며 화를 참지 못했습니다. 어린아이라고 해서 죄가 없는 것은 아닙니다! 하지만 나는 그 나이부터 온전히 삶을 겪었습니다. 나는 진리를 사랑했습니다. 나는 수치를, 고통을, 무지를 멀리했습니다. 얼마나 놀랍고 불가사의한 일입니까!

그 모든 것은 선합니다. 또한 그 모든 것은 나의 마음속에 있었습니다. 왜냐하면 나를 창조하신 분은 바로 당신이고, 하느님 당신은 선량함 그 자체이기 때문입니다.
나의 잘못은 당신의 피조물들에게서 즐거움을 찾은 데 있습니다. 당신 안에서 찾지 않고 말입니다.

청년이 된 나는 견디기 힘든 욕망으로 가슴이 불타올랐습니다. 나의 마음은 부정한 욕망의 가시덤불 속에서 헤어 나오지 못했습니다. 나를 가시덤불 속에서 꺼내 줄 사람은 아무도 없었습니다.

어느 날 함께 목욕을 하던 아버지는 아들의 몸이 성숙해진 것을 보고는 너무 기쁜 나머지 어머니에게 그 사실을 알렸고, 어머니는 나에게 행실을 바르게 할 것과 함부로 여자를 대하지 말 것을 충고했습니다. 나는 그 말을 여인의 충고로만 알았습니다. 바로 당신께서 어머니의 입을 통해 나에게 이야기한 것인데 말입니다.

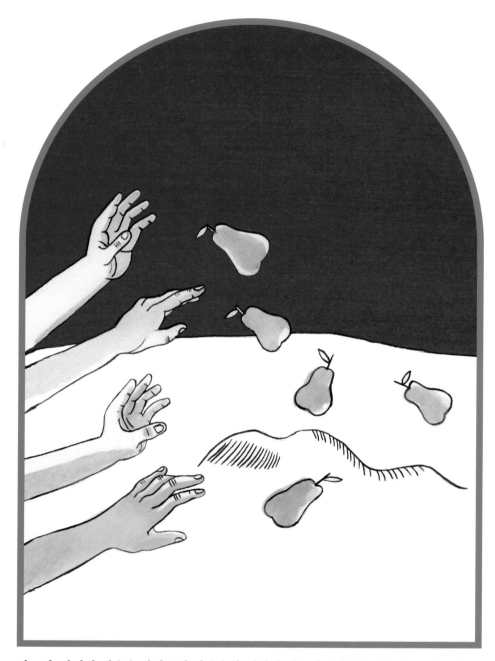

하느님, 당신의 계율은 사람들의 마음속에 새겨져 있습니다. "도둑질하지 마라." 도둑조차 도둑맞고 싶어 하지 않으니 말입니다! 나는 올바른 것이 싫어서 일부러 도둑질을 했습니다. 훔친 것보다 더 좋은 물건을 이미 가지고 있었지만 도둑질이라는 행위 자체를 즐기고 공모자와 친해지는 재미를 느끼기 위해 도둑질을 했습니다.

열매가 주렁주렁 달린 배나무가 우리 집 포도나무 가까운 곳에 우뚝 서 있었습니다. 우리는 한밤중에 불량배들 무리와 함께 배서리를 하기 위해 그곳으로 갔습니다. 먹기 위해서가 아니라 그저 장난삼아 돼지들에게 던져 주려고 말입니다.

그때의 나는 파렴치한 행동과 비열한 장난에 마음이 끌렸습니다. 그러나 하느님, 나는 당신께서 신을 모독한 나의 죄를 이미 용서하셨다는 것을 알고 있습니다! 당신은 나의 죄를 눈처럼 녹여 주셨습니다. 또한 당신께서는 내가 저지르지 않은 모든 죄로부터 나를 지켜 주시기도 하였습니다. 당신이 없었다면 죄악을 저지르는 행위 자체를 즐겼던 나는 또 무슨 죄를 저질렀을까요?

얼마 뒤 나는 공부를 하기 위해 카르타고[1]로 떠났습니다. 내 주위에서는 언제나 부정한 욕망의 도가니가 부글부글 끓고 있었습니다. 나는 사랑에 빠져 허우적거렸습니다. 진정한 사랑이란 무엇인지도 모른 채 말입니다. 오, 하느님! 당신을 잃은 나의 마음은 욕망에 사로잡혀 있었습니다. 상처투성이로 방황하던 내 영혼은 애정을 갈망했고 자신이 있어야 할 자리에서 빠져나가 버렸습니다. 나는 인간의 사랑을 알았습니다. 쾌락과 불안이라는 올가미, 질투로 불타오르는 채찍, 싸움과 의심이 인간의 사랑입니다.

1. 페니키아인들이 건설한 아프리카 북쪽 해안의 고대 도시.

나는 극장에서 상연되는 비극에 빠져들었습니다. 연극은 마치 내 자신의 불행을 보여 주는 듯했습니다. 관객들은 등장인물들의 비통하고 비극적인 운명을 슬퍼 여겼습니다. 왜냐하면 사람들은 고통 없이 동정하기를 원하기 때문입니다. 그리고 그 동정은 우정에서 나옵니다. 그렇다면 우정은 부정한 욕망의 도가니에서 비롯되는 것입니까?
배우들이 불행하면 할수록 그 연극은 더욱더 나의 마음에 들었습니다. 나는 어른들의 사랑에 빠져들었고 연인들이 서로 헤어지면 그들과 함께 슬퍼했습니다. 그 슬픔으로 생겨난 아픈 상처를 피가 나도록 긁고 그런 상상으로 병든 나의 영혼을 끊임없이 자극했습니다. 나는 이렇게 살았습니다. 오, 하느님, 이것이 인생입니까?

내 나이 16세에 아버지가 돌아가셨습니다. 나는 세상에서 상당히 쓸모 있고 배울 만하다는 공부를 계속했습니다. 그 공부를 하고 나면 수사학 선생이라는 직업을 가질 수 있었습니다. 수사학자는 거짓말을 하면 할수록 더욱더 사람들의 환심을 사는 허풍선이입니다.

아버지가 돌아가시고 2년이라는 시간이 흐른 뒤 나는 키케로[2]의 책 《호르텐시우스》를 읽게 되었습니다. 그 책은 그리스인들이 철학이라고도 부르는 지혜에 대한 사랑을 일깨워 주었습니다. 주님, 그 책을 읽은 나는 내 안의 욕망을 희망으로 바꾸었습니다. 그 책은 내가 얻고자 하는 기도의 목적도 바꾸어 놓았습니다. 이전에 내가 기대했던 모든 것들은 그 가치를 잃고 말았습니다. 나는 불멸의 지혜만을 갈망하게 되었습니다.

하느님, 나의 몸이 얼마나 불타오르는지 모릅니다! 나는 당신에게로 날아오르고 싶어 견딜 수가 없습니다! 나는 당신께서 내 영혼을 어루만져 주셨다는 것을 알지 못했습니다.

2. 고대 로마의 철학자이자 수사학의 대가이다.

그때 나는 거짓 예언자 마니[3]의 추종자들을 만났습니다. 그들은 헛된 망상에 사로잡힌 말만 번지르르한 사람들이었습니다. 그들은 자신들이 구세주 예수 그리스도의 제자들 이라고 주장했습니다. 하지만 그들의 말은 한낱 악마의 계략에 불과했습니다. 그들의 마음에는 진실이 없었습니다.

카르타고에 온 그들은 달과 태양, 별에 관한 엄청난 이야기들을 늘어놓았습니다. 그들은 신에게도 머리털 혹은 손톱이 있는지, 여러 아내를 두는 것과 사람들을 죽이는 것, 짐승을 제물로 바치는 것을 옳다고 생각하는지 알고자 했습니다.

3. 페르시아의 예언자이며 마니교의 창시자이다.

그들은 말하기를 무화과나무에서 딴 열매는 우유 같은 눈물을 흘리는데, 성인聖人이 그것을 먹고 기도하며 탄식을 하게 되면 천사들이 그의 입김에 뒤섞여 있다가 튀어나올 것이라고 했습니다.

하지만 내 영혼의 생명이신 하느님, 내가 더 강해지기 위해 갈망하는 당신께서는 그런 어리석은 짓들이 일어나는 가운데 계시지 않았습니다. 그때 당신은 어디에 계셨습니까? 왜 내가 그런 구렁텅이 깊은 곳에 떨어졌습니까?

오, 하느님, 오늘 나는 당신께 나의 잘못을 고백합니다. 당신께서는 나를 불쌍히 여기셨습니다. 내가 당신께 잘못을 고백하지 않았을 때에도 말입니다. 나는 당신을 나의 밖에서 찾았습니다. 하지만 당신은 내 안에 계셨습니다. 가장 깊숙한 곳에 있는 내 영혼보다도 더 가까이에, 나의 가장 고귀한 생각보다도 더 높은 곳에 말입니다.

나는 마니의 제자들과 함께 방황했습니다. 참다운 신앙은 나의 마음속에서 죽었습니다. 당신의 충직한 종인 내 어머니는 영혼이 죽은 아들의 모습을 보고 육체가 죽은 것보다 더 서글프게 눈물 흘렸습니다. 어머니가 쉴 새 없이 흘리던 눈물은 그녀가 주님, 당신을 향해 기도하던 온 땅을 적셨습니다.

어느 밤 어머니는 나무로 만든 자막대기[4] 위에서 흐느껴 우는 꿈을 꾸었습니다. 그때 그녀에게 환한 빛으로 둘러싸인, 기쁨으로 가득 찬 한 청년이 다가왔습니다.

어머니는 그 청년에게 아들을 잃고 슬퍼하고 있다고 털어놓았습니다. 그러자 청년은 더 이상 괴로워하지 말라고 어머니를 안심시키며 그녀가 있는 곳에 자신도 함께 있고 또한 나도 함께 있음을 알려주었습니다. 과연 어머니의 곁에는 그녀와 같은 자막대기 위에 서 있는 내가 있었습니다.

4. 고대 교회에서 참된 신앙을 구분하는 기준으로 사용됨.

미래를 알고 싶었던 나는 점성가들과 어울렸습니다. 하지만 다행히도 매우 박식한 한 의사가 그런 어리석은 행동은 하지 말라고 충고했습니다. 그는 말했습니다. "어떤 예언이 정확하게 맞는다면 그것은 우연의 일치라네. 어쩌다 보니 사실을 말하게 된 것뿐이란 말일세. 마찬가지로 어떤 시인의 시집을 넘기다 보면 신기하게도 우리의 생각과 놀라울 정도로 일치하는 구절을 만나게 될 때가 있지 않은가?"

젊은 시절 그 의사 또한 점성술에 관심이 많았습니다. 한번은 의사의 아내와 하녀가 같은 날 임신을 하게 되었고, 그 의사는 천체의 위치를 헤아려 출산일과 시간을 계산했습니다. 그리고 같은 날 태어난 두 아기는 같은 별자리를 갖게 되었습니다. 하지만 의사의 아들로 태어난 아이는 윤택한 삶을 산 반면 노예의 아들로 태어난 아이는 노예라는 신분의 속박에 얽매인 채 살아야 했습니다. 그 이야기를 들은 나는 우리의 일생이 별에 기록되어 있다는 말을 더 이상 믿지 않게 되었습니다.

나는 공부를 마친 후에 고향인 타가스테로 돌아와 말 잘하는 기술을 가르치는 선생이 되었습니다. 돈에 집착했던 나는 허영심이 강한 사람들과 그와 같은 부류의 사람들, 그들의 형제들에게 거짓말로 이기는 기술을 가르쳤습니다.

나에게는 아주 친한 친구 하나가 있었습니다. 우리는 어려서 같은 학교를 다녔고 함께 어울려 지냈습니다. 너무나 친했던 우리는 마치 두 개의 몸에 하나의 영혼으로 존재하는 듯했습니다. 나는 그 친구를 참다운 신앙에서 벗어나게 하여 마니의 미신으로 끌어들이는 데 성공했습니다. 나의 어머니에게 너무나 큰 고통을 주었던 마니 말입니다. 하지만 징벌과 용서의 신이신 주님, 당신께서는 놀라운 방법으로 우리를 당신의 품으로 다시 이끄셨습니다! 하나밖에 없던 나의 친구가 병에 걸린 것입니다.

어느 날 열병으로 괴로워하던 친구가 몹시 땀을 흘리며 정신을 잃은 채 쓰러졌고, 가망이 없다고 판단한 그의 가족은 그도 알지 못하는 사이에 그에게 세례를 주었습니다. 그러자 친구의 몸이 좋아지기 시작했습니다. 그가 말을 할 수 있게 되자 나는 그가 받은 세례를 두고 농담을 했고, 두려움에 사로잡힌 친구는 자신의 친구로 남고 싶거든 멈추라고 이야기했습니다. 며칠 후에 친구는 다시 열이 나기 시작했고, 당신께서는 그를 당신 곁으로 부르셨습니다.

친구를 잃은 고통이 나의 암흑 같은 마음을 뒤덮었습니다. 내 눈에 보이는 것은 오직 죽음뿐이었습니다. 내가 가는 곳 어디에서든 내 눈은 그를 찾았습니다. 몸의 절반이 잘려나간 나는 더 이상 살고 싶지 않았습니다. 눈물을 흘리는 일만이 내게 위로가 되었습니다. 주님, 내가 나의 마음의 귀를 당신의 입 가까이에 가져갈 수 있겠습니까? 불행한 사람들에게는 눈물이 위로가 된다는 사실을 당신께서는 왜 내게 가르쳐 주려 하십니까?

나는 타가스테에서 카르타고로 달아났습니다. 거기서 다른 사람들과 어울려 마음을 달 랬고, 우리의 영혼을 타락시킨 마니의 거짓말을 추종했습니다. 나는 당신보다 당신의 피 조물들에게 마음을 주었습니다. 나는 육체의 아름다움을 그 자체로서 사랑했습니다. 수 많은 경이로운 일들의 유일한 창조자이신 하느님, 당신 대신에 말입니다.

나는 친구들에게 말했습니다. "우리는 무엇을 사랑하는가? 아름답지 않은 것은 무엇인 가? 아름다움이란 무엇인가? 무엇이 우리를 자신이 사랑하는 대상들과 결합시키는가?" 나는 스물여섯 아니면 스물일곱 살이었습니다. 나는 상상의 세계를 헤매며 망상으로 가 득 차 있는 책들을 썼습니다. 당신의 힘없는 피조물들을 조롱했던 나는 그리스도인들에 게 욕설을 퍼부었습니다.

나는 마니의 제자들과 마찬가지로 악은 거대하고 형태가 없으며 소름끼치고 대지 위에 두껍게 깔려 있으며 나쁜 공기처럼 가벼운 것이라고 생각했습니다. 하느님, 나는 당신 을 빛이 나는 훨씬 더 거대한 몸으로 생각했고, 나 자신은 그 육체의 작은 조각으로 여 겼습니다. 오, 믿을 수 없는 사악함이여! 당신의 신성을 함께 나누었다고 주장하는 것보 다 더 추악한 자만심과 놀랄 만한 어리석음이 어디에 있겠습니까? 내가 읽었던 모든 난 해한 책들과 내가 빠져 있던 모든 학문들이 무슨 소용이 있겠습니까? 내가 그와 같이 추 악하고 수치스러우며 불경한 생각에 빠져드는데 말입니다.

카르타고에 있는 나의 학생들은 거만하고 자제력이 없었습니다. 그들은 종종 나의 집을 온통 뒤죽박죽으로 만들어 놓았습니다. 사람들은 내게 로마로 가서 말 잘하는 기술을 가르치라고 부추겼습니다. 더 존경받고 더 많은 돈을 벌기 위해서 말입니다. 특히 로마의 젊은이들은 카르타고의 학생들보다 더 학구적이었습니다. 그래서 나는 아프리카를 떠나기로 결심했습니다.

아들이 떠나게 되자 어머니는 몹시 슬퍼했습니다. 항구까지 따라 나온 어머니는 나를 붙
잡기 위해 매달렸습니다. 나는 예배당에서 밤을 보내시도록 어머니를 설득했고 어머니
가 예배당에서 기도하며 눈물 흘리는 사이 몰래 카르타고를 떠났습니다. 아침이 되자 바
람이 불어와 돛을 부풀어 오르게 했고, 내가 탄 배는 해안에서 멀어졌습니다. 극심한 고
통에 사로잡힌 어머니의 신음 소리가, 주님, 당신 귀에까지 들렸습니다.

로마의 젊은이들은 카르타고의 젊은이들보다 차분했지만 학문에 힘쓰기보다는 돈을 더 좋아했습니다. 그들은 종종 수업료도 내지 않았습니다. 하지만 개중에는 몇몇 충실한 학생들도 있었는데, 그중 한 사람이 바로 알리피우스입니다.

알리피우스는 타가스테와 카르타고에서 이미 나의 수업을 들었고 나를 높이 평가했습니다. 나 역시 그가 박식하고 예의 바른 사람이라고 생각했습니다. 그는 법을 공부하기 위해 나보다 먼저 로마에 왔습니다. 그러나 그의 예의 바르고 순수한 마음은 검투사들의 싸움에 매료되어 타락하고 말았습니다.

어느 날 향연에서 돌아오는 친구들과 마주친 알리피우스는 그들에 이끌려 원형경기장에 가게 되었습니다. 그는 친구들에게 이렇게 말했습니다. "너희들이 나를 그곳까지 데려갈 수 있을지는 몰라도 억지로 야만적인 싸움을 보게 하고 관심을 갖게 만들 수는 없을 것이다."

원형경기장에 도착한 그들은 자리를 잡고 앉았습니다. 군중들은 피가 낭자하는 야만적인 경기에 흥분하여 전율했습니다. 알리피우스는 두 눈을 감은 채 자신의 영혼이 그런 잔혹한 광경을 보지 못하게 하려고 애썼습니다. 하지만 커다란 함성이 원형경기장에 울려 퍼지자 호기심을 이기지 못한 알리피우스가 눈을 떴습니다. 그러자 그의 영혼은 방금 전 쓰러진 검투사의 몸에 난 상처보다 더 깊은 상처를 입었습니다. 알리피우스는 사방에 뿌려진 피에서 시선을 떼지 못했고 잔인한 싸움을 즐겼으며 살육에 도취되었습니다. 그는 소리 지르고 박수 쳤으며 그 사악한 싸움이 벌어지는 광경을 뒤로 하고 떠날 때는 그곳에 다시 오고 싶은 참을 수 없는 욕구를 느끼게 되었습니다.

오, 하느님, 당신께서는 오래전부터 당신의 모든 자녀들 가운데 알리피우스를 선택하셨습니다. 그가 성직자가 되어 당신의 신비로움을 찬양하게 만들기 위해서 말입니다. 당신께서는 당신의 영광을 드러내기 위해 나도 모르게 나를 그의 치유를 위한 도구로 만드셨습니다.

그날 역시 나는, 늘 그렇듯이 나의 자리에서 학생들을 가르치고 있었습니다. 알리피우스 역시 나에게 인사를 하고 자리에 앉았습니다. 그날 수업의 주제는 원형경기장에서 벌어지는 시합과 관련된 것이었습니다.

나는 노예들이 벌이는 그 어리석은 짓들을 매몰차게 조롱했습니다. 알리피우스를 생각하며 그랬던 것은 아니지만 아마도 그는 내가 자신을 염두에 두고 이야기하고 있다고 생각하는 것 같았습니다. 그러나 알리피우스는 나를 원망하는 대신 자신의 방탕함을 후회했습니다.

주님, 당신께서는 그의 영혼을 불타오르게 하고 그를 악에서 구원하시기 위해 나의 혀를 활활 타는 석탄으로 만드셨습니다. 알리피우스는 은밀한 쾌락을 즐기던 방탕한 생활에서 벗어났습니다. 그는 더 이상 원형경기장을 찾지 않겠다는 굳은 결심을 했고 더욱더 나를 따르게 되었습니다.

알리피우스는 밀라노로 떠나는 나와 동행했습니다. 나의 연설을 좋아했던 총독이 나라
의 세금으로 나를 밀라노로 보내 준 것입니다. 하지만 주님, 나를 당신의 길로 인도한 분
은 바로 당신이십니다. 나는 밀라노에서 당신의 독실한 종인 암브로시우스 주교를 만났
습니다. 그의 위대한 영혼은 온 세상에 널리 알려져 있었습니다.

그는 나에게 호의를 베풀었고 나는 그의 가르침을 열심히 따랐습니다. 그는 자신의 생각을 훌륭하게 설명할 줄 알았습니다. 암브로시우스는 내게는 난해하게만 보였던 성경의 모든 구절을 설명해 주었고, 이해할 수 없었던 진리를 명백히 보여 주었습니다. 나는 조금씩 마니의 제자들과 거리를 두었습니다. 하지만 구원을 받기까지는 아직 갈 길이 멀었습니다.

산을 넘고 바다를 건너 아들을 따라왔던 어머니는 바다에서 폭풍우를 만나고 말았습니다. 그러나 아들을 다시 만나게 해주겠노라 당신께서 약속했기에 어머니는 조금도 두려워하지 않았고 선원들에게도 용기를 주었습니다.

어머니와 나는 다시 만났고, 나는 어머니에게 내가 더 이상 마니의 제자가 아님을 고백했습니다. 그 말을 들은 어머니는 당황하는 기색 없이 주님께서 들어주시리라 약속했던 자신의 기도대로 자신이 이 도시를 떠나기 전에 훌륭한 그리스도인이 된 아들을 보게 될 것이라고 태연하게 말했습니다.

밀라노에서 어머니는 주로 교회에서 시간을 보내며 하느님의 천사들 중 하나처럼 따르던 암브로시우스의 말을 한 마디도 놓치지 않고 귀담아 들었습니다. 암브로시우스는 그토록 경건한 어머니를 두었다며 나를 칭찬했습니다. 하지만 그는 내가 여전히 주님을 의심한다는 사실을 알고 있었을까요? 나에게는 알리피우스와 함께하는 시간만이 나의 고통과 방황을 위로하는 유일한 탈출구였습니다.

내게 지금의 기억들과 지금의 고백을 일깨워 주신 분은 주님, 바로 당신입니다. 당신은
내가 명예와 부를 쫓는 삶을 살았다는 것을 알고 계십니다. 그때의 나는 근심으로 인해
얼마나 많은 괴로운 시간을 보냈습니까?
어느 날 나는 황제를 찬양하는 위선적인 연설을 늘어놓기 위해 길을 가던 중에 거나하게
취해 기분이 좋아 보이는 거지와 마주쳤습니다. 나 역시 그처럼 행복하고 싶었습니다.

내가 추구하던 행복이 그의 행복보다 낫다고 할 수 있었을까요? 나는 나의 행복을 허황된 명예에서 찾았습니다. 그 거지는 자신의 행복을 술에서 찾았습니다. 밤이 되면 거지는 술에서 깨어나지만 나는 허영심에 빠진 채 잠이 들었다가 깨기를 반복했습니다. 그런 상태가 오래도록 계속되었습니다. 오, 하느님, 내가 얼마나 오랫동안 그렇게 지냈습니까!

육체의 노예가 된 나는 여자의 손길을 거부할 수 없었습니다. 나는 아름다운 부부 생활과 아이들의 교육에 관한 의무에 대해서는 관심이 없었고, 다만 혼자서 잠자리에 드는 것만은 견딜 수 없었습니다.

어머니는 아들이 행복한 결혼 생활을 하기 원했습니다. 그래서 나는 사랑스러운 아가씨를 만나 청혼했고 그녀에게 결혼을 약속 받았습니다. 하지만 그녀가 결혼할 나이가 될 때까지 2년을 참고 기다려야 했습니다. 그리고 나는 그 결혼을 준비하기 위해 여러 해 전부터 함께 살았던 여자와 헤어졌습니다. 그녀는 나와의 사이에서 낳은 아들 하나를 남겨 둔 채 아프리카로 떠나며 다른 남자는 만나지 않겠노라 약속했습니다.

나의 마음은 상처 입었고 몹시 고통스러웠습니다. 그러나 약혼녀와의 결혼까지 2년의 시간을 기다릴 수 없었던 나는 나의 병든 영혼을 만족시키기 위해 또 다른 여자를 만나고 말았습니다.

이 모든 일들을 지켜보던 알리피우스는 나를 멸시했고, 내가 결혼을 하게 되는 날에는 우리에게 더 이상 지혜를 찾을 시간이 주어지지 않을 것임을 확신했습니다. 그 자신도 여자와 관련한 몇몇 사건들을 겪으며 후회의 시간을 보냈고 결혼에 대해 냉담해진 탓이었습니다. 주님, 죄악에 물든 나의 청년 시절은 그렇게 흘러가고 있었습니다.

깊어만 가는 절망 속에서 진리를 추구하던 나는 내 영혼의 깊은 곳에서 변하지 않는 빛을 발견했습니다. 육안으로 보기에 그 빛은 자연의 그것처럼 빛나지 않았습니다. 그 빛은 나를 창조한 빛이었습니다. 참으로 진리를 아는 자는 그 빛을 알고, 그 빛을 아는 자는 영원을 아는 자입니다.

오, 하느님, 영원한 진리시여! 밤낮으로 나는 당신을 갈망했습니다. 나의 약한 눈은 당신의 빛으로 눈부셨고, 나는 사랑과 두려움으로 몸을 떨었습니다. 그 빛을 받으며 당신이 창조하신 모든 것을 보았고, 그 모든 것이 선함을 깨달았습니다.

당신은 만물을 똑같이 만들지 않았으므로 만물은 개별적으로 존재합니다. 그러한 만물
은 개별적으로도 모두 선하지만 전체적으로는 더욱 선합니다. 왜냐하면 당신께서 이 모
든 것들을 선하게 창조했기 때문입니다. 어떤 것들은 서로 어울리지 않는 듯 보여 악이
라고 생각되기도 하지만, 이러한 것들도 우리가 대지라고 부르는 세계와 조화를 이루며
이 대지는 또한 그 자체로 구름과 바람으로 가득 차 있는 하늘과 조화를 이루고 있습니
다. 하느님, 단 하나의 악은 당신으로부터 멀어지는 것입니다.

나는 당신의 아들이자 나의 주님인 예수 그리스도를 그 누구와도 비교할 수 없는 선량한 사람으로, 비길 데 없는 지혜를 지닌 사람으로 생각했습니다. 그러나 나는 "말씀이 육신이 되어……"라는 구절이 얼마나 심오한 뜻을 가진 말인지 이해할 수 없었습니다. 나는 나 자신이 현자賢者로 통하기를 원했습니다. 또한 스스로의 나약함을 한탄하기보다 말을 많이 하고 학문을 통해 우쭐한 기분을 맛보고자 했습니다.

그러나 나는 곧 당신의 성령을 통해 받아쓴 사도 바울의 편지를 읽었습니다. 나는 그 편지를 읽고 생명의 근원과 지혜에 이르는 유일한 길을 발견했습니다. 나는 기쁨으로 몸을 떨며 예수 그리스도께서는 우리를 죽음에서 해방시켜 주기 위해 오셨다는 것을 이해했습니다.

나는 당신 안에서 전 재산을 주고도 얻지 못할 값진 보물을 발견했습니다. 나는 이미 명예와 재물에 대한 집착을 버렸지만 여인에 대한 욕망만은 여전히 억제하지 못했습니다. 지상의 거짓 기쁨에 사로잡힌 나는 죽음이 임박했음을 알면서도 깨어나지 못하는 잠에 빠진 사람 같았습니다. 나는 당신의 아들이신 예수 그리스도를 통해 당신 말씀의 진리를 깨닫고 확신했으면서도 "잠깐만! 조금, 조금만 더 기다려 주소서!"라며 허황된 잠꼬대만 연발할 뿐 깨어날 줄을 몰랐습니다.

한번은 폰티키아누스라는 사람이 나와 알리피우스를 찾아왔습니다. 그도 우리처럼 카르타고 출신이었고 세례 받은 신자였습니다. 우리는 탁자를 사이에 두고 이야기를 나누었습니다. 탁자 위에는 사도 바울의 책이 놓여 있었고 그 책이 으레 우리가 가르치는 수사학책일 것이라 생각했던 폰티키아누스는 매우 기뻐했습니다. 그러고는 아프리카에 있는 수많은 당신의 교회에서 일어난 온갖 놀라운 일들에 대해 들려주었습니다. 숭고한 미덕이 뿜어내는 좋은 향기처럼 사막에 세워진 수도원들을 거론하면서 말입니다. 폰티키아누스는 또한 우리에게 두 명의 친구 이야기를 해주었습니다.

어느 날 폰티키아누스는 황제의 관리이자 열정적인 마음을 가진 자신의 친구들을 궁전의 정원에서 마주쳤습니다. 그들은 이집트의 은둔자인 성 안토니우스에 관한 책을 읽고 큰 충격을 받아 이렇게 외쳤다고 합니다. "우리는 무엇을 위해 이런 일을 하고 있는가? 왜 우리는 궁전에서 황제를 섬기고 그의 총애를 얻으려 하는가? 지금 당장 속세를 버리고 신을 섬기며 순종하는 삶을 살아야 하지 않겠는가?"

그들은 뜨거운 눈물을 흘렸습니다. "우리가 가지고 있던 헛된 희망을 버리세! 우리는 지금 여기서 신을 섬기는 거야!" 폰티키아누스는 자신의 친구들을 높이 평가하고 그들에게 자신의 구원을 위해 기도해 줄 것을 부탁했습니다. 그들의 마음은 이미 하늘 가까이에 있었습니다. 그들과 결혼을 약속했던 여인들 역시 그 소식을 듣고서 그들의 믿음에 감탄하여 수녀가 되기로 결심했습니다.

주님, 당신께서는 폰티키아누스가 우리에게 말하는 동안 나를 당신에게로 이끌어 가셨습니다. 그래서 나는 스스로의 추함과 영혼의 타락을 보게 되었습니다. 주님, 나는 더 이상 숨을 수가 없었습니다! 또한 그 두 젊은이의 이야기에 감탄하면 할수록 내 자신을 더욱 혐오하게 되었습니다.

폰티키아누스가 떠나자 나는 알리피우스에게 외쳤습니다. "우리는 대체 무엇을 하려는 것인가? 무지한 사람들도 일어나 하늘 문에 들어가려 하는데! 그들이 우리보다 앞섰다 해서 우리가 그들을 따르지 않는다면 오히려 수치스러운 일이 아닌가!"

얼이 빠진 알리피우스가 나를 쳐다보았습니다. 마음속 깊은 곳에서 일어나는 폭풍우에 사로잡힌 나는 집 뒤에 있는 정원으로 뛰쳐나갔고 나 자신과의 싸움에서 누구에게도 간섭받지 않기 위해 깊숙한 곳에 처박혔습니다.

키케로의 《호르텐시우스》를 읽고 지혜에 대한 사랑을 발견한 지 열두 해가 지났습니다. 하지만 나는 그 진정한 행복을 찾기 위해 세상의 즐거움을 포기하지 않았습니다. 나는 수치심에 괴로워하고 있었습니다. 내 속에서는 주님을 섬기기 원하는 나와 원치 않는 내가 맞서 싸우고 있었습니다.

알리피우스가 나를 찾아왔습니다. 나는 몸을 오그라뜨리고 머리카락을 쥐어뜯으며 이마를 탁 하고 쳤습니다. 하지만 내가 진정으로 바랐던 것은 완전하고 온전한 의지로, 오, 하느님, 당신께로 달려가는 것이었습니다. 나는 그러기를 원했고 또 원하지 않았습니다. 나의 마음이 얼마나 혼란스러웠던지! 주님, 당신께서는 당신 마음의 비밀 속으로 들어오도록 나를 재촉하셨습니다. 나는 생각했습니다. "그래, 이번만은, 이번만은 기필코 주님을 선택하는 거야!" 하지만 나는 그렇게 하지 못했습니다.

나의 어리석은 습관들과 헛된 자만심, 허무하기 짝이 없는 지난날의 아가씨들이 내 육체의 껍데기를 붙잡고 놓아 주지 않았습니다. "정녕 우리를 버리려 하십니까? 이제 다시는 돌아오지 않으려 하십니까?"

그러나 그들의 목소리는 점점 희미해져 갔습니다. 그리고 내가 고개를 돌린 곳에서는 온화하고 정결한 천사가 두려워 말고 가까이 오라며 손짓하고 있었습니다.

천사는 경건한 손을 내밀어 나를 안아 주었습니다. 온화한 아가씨들과 착실한 과부들, 정결한 노처녀들이 그렇게 하듯이 말입니다. 나는 펑펑 울기 시작했습니다. 알리피우스는 얼이 빠진 채 나의 마음속에서 일어난 일들을 이해하지 못했습니다. 무화과나무 아래 누운 나는 끊임없이 눈물을 흘렸습니다. 바로 거기서 나는, 마침내 주님, 당신께 말하기 시작했습니다.

바로 그때 이웃집에서 어린아이의 음성이 들려왔습니다. 그 목소리는 같은 말을 되풀이하고 있었습니다. "집어 들고 읽으라, 집어 들고 읽으라." 어떤 놀이의 후렴구였을까요? 하지만 나는 그 술래잡기 노래를 알지 못했습니다. 그래서 나는 당신께서 나에게 사도 바울의 책을 읽으라고 명령하신 것이리라 이해했습니다.

나는 이렇게 시작하는 첫 장을 읽었습니다. "향연에 빠져 폭음하거나 폭식하지 말라. 우리 주 예수 그리스도의 옷을 입고 육신의 일로 근심하지 말라." 그 구절을 읽자마자 나의 마음속에 안도의 빛이 쏟아졌습니다.

너무 늦게 나는, 그토록 오래되었으면서도 그토록 새로운 당신의 아름다움을 사랑하게 되었습니다. 하느님, 너무 늦게 나는 그 아름다움을 사랑했습니다! 당신은 내 안에 계셨습니다. 하지만, 아아, 내 자신은 나의 마음 밖에 있었습니다. 내가 당신을 찾은 것은 바로 밖에서였습니다. 나는 당신의 피조물들의 아름다움을 차지하기 위해 달려갔습니다. 그것들은 단지 당신의 아름다움의 그림자에 불과했는데 말입니다. 당신은 나와 함께 있었지만 나는 당신과 함께 있지 않았습니다.

그런데 내가 당신을 불렀습니다. 당신은 큰 소리로 말했고 나의 듣지 못하는 귀를 치유해 주었습니다. 당신은 나의 영혼 속에서 빛을 발하였습니다. 당신은 확연히 나타났고 나의 눈을 멀게 했던 어둠을 몰아냈습니다. 당신에게서는 아름다운 향기가 났고, 나는 그 향기를 들이마셨습니다. 나는 당신을 갈망했습니다. 나는 당신의 풍미를 음미했고 당신을 갈망하며 몹시 그리워했습니다. 당신은 나를 어루만져 주었고, 나는 열광적으로 안식을 갈망했습니다.

나는 더 이상 여자를 찾지 않았습니다. 예전에 당신이 내 어머니의 꿈속에서 보여 주었던 믿음의 잣대 위에 서서 더 이상 이 세상에 속한 것들을 갈망하지 않았습니다! 그날 당신은 내 어머니의 슬픔을, 그녀가 바랄 수 있었던 모든 것보다 더 충만한 기쁨으로 바꾸어 주었습니다.

나는 포도 수확기의 방학까지 기다렸다가 수사학 교사직을 그만두었습니다. 알리피우스는 나의 뒤를 이어 개종했습니다. 그는 이제 자신의 육체를 다스리기 위해 이 고장의 얼어붙은 길 위를 맨발로 거닐곤 합니다. 나의 아들 아데오다투스와 함께 우리는 세례를 받고 그리스도와 하나가 되었습니다. 우리는 지난 삶 속에서의 근심들을 떠나보냈습니다. 하느님, 내가 당신을 찬양하는 찬송가와 성가가 울려 퍼지는 것을 듣고 얼마나 눈물을 흘렸는지 당신은 모릅니다!

당시 우리는 궁전의 높은 관직에 있던 에보디우스라는 청년과 함께 지내고 있었습니다. 그는 주님을 알게 된 후에 관직을 버리고 세례를 받은 뒤 우리와 함께 신앙생활을 하려고 굳게 마음먹고 있었습니다. 우리는 당신을 더 잘 섬길 수 있는 곳을 찾아 함께 아프리카로 떠났습니다. 그리고 그 무렵, 어머니가 세상을 떠났습니다. 어머니는 나에게 자신의 어린 시절에 관한 이야기를 종종 들려주었습니다.

어렸을 적 술통에서 술을 떠오는 심부름을 하다가 술맛을 보게 된 어머니는 그 후로 호기심을 이기지 못하고 매일 조금씩 술을 마셨습니다. 그러던 어느 날 이 사실을 알게 된 어머니의 하녀가 그녀를 술꾼 취급했고 어머니는 그 말에 큰 상처를 입은 뒤 나쁜 버릇을 고쳤습니다. 주님, 당신은 바로 그러한 방법으로 어머니의 영혼을 치유해 주었습니다. 결혼할 나이가 되자 어머니에게는 배우자가 정해졌고 그녀는 남편을 주인처럼 섬겼습니다. 하느님, 그녀는 온화함과 미덕으로 남편에게 당신을 보여 주려 애썼습니다. 그녀는 남편의 신에 대한 불충을 인내심을 가지고 참아 냈습니다. 나의 아버지 파트리키우스는 정이 많은 사람이었지만 불같은 성격에 화를 잘 냈습니다. 아버지가 벌컥 화를 낼 때면 어머니는 잠자코 생각에 잠겼다가 아버지의 마음이 진정되고 나면 일의 시비를 가리곤 했습니다. 훌륭한 남편을 가진 지체 높은 부인들이 남편에게 맞아 멍든 몸을 보이며 남편을 욕하면 어머니는 그녀들을 엄숙하게 타이르기도 했습니다. 아버지 역시 마침내 개종하였습니다.

어머니가 세상을 떠나기 며칠 전, 내가 아프리카로 가는 배를 타기 위해 잠시 쉬고 있을 때 우리는 하느님의 은총으로 단둘만의 시간을 보내게 되었습니다. 어머니와 나는 다정하게 창가에 기대어 테베레 강 하구의 오스티아 항구를 지나는 배들을 보며 이야기를 나누었습니다. 우리는 성인들의 영원한 삶이란 무엇인지 생각해 보았습니다.

나의 어머니가 조용히 말했습니다. "아들아, 나는 말이다, 나는 이제 이 세상의 어떤 것에도 집착하지 않게 되었단다. 이 세상에서 이루고 싶은 소망을 모두 이루었기 때문이란다. 하느님께서 내 모든 소망을 들어주셨구나. 네가 그 분을 섬기기 위해 지상의 모든 즐거움을 포기했으니 말이다. 이제 내가 더 바랄 게 무엇이 있겠느냐?"

얼마 지나지 않아 어머니는 열병에 걸려 병상에 누웠습니다. 알리피우스와 나의 아들 아데오다투스, 그리고 또 다른 친구들이 그녀 곁에 모였습니다. 우리가 슬퍼하는 것을 보고 어머니가 말했습니다. "이제 너희들과 헤어질 시간이 되었구나. 내 육신을 어디에 묻을지 걱정하지 말아라. 오직 내가 바라는 건 너희가 주님의 제단에서 기도 드릴 때 나를 기억해 달라는 것뿐이다."

오, 볼 수 없는 하느님, 당신께 감사드립니다. 어머니는 생전에 이미 자신이 묻힐 자리를 염려하여 고향에 있는 아버지의 무덤 옆에 자리를 마련해 두었습니다. 나는 어머니가 아버지 곁에 묻히는 일을 얼마나 중요하게 생각하고 있는지 잘 알고 있었습니다. 그러나 그 헛된 욕망은 주님의 자비로운 은총으로 말미암아 어머니의 마음속에서 사라졌습니다.

어머니가 병에 걸린 지 아흐레 되던 날, 어머니의 영혼은 육체로부터 해방되었습니다.

어머니의 눈을 감겨 드리자 나의 마음속에 엄청난 고통이 밀려왔습니다. 장례식이 끝난 뒤 나는 다시 부모 없는 아이들의 아버지이기도 한 당신을 만났습니다. 나는 어머니와 내 자신을 슬피 여겼습니다. 살아생전 어머니의 다정한 모습이 몹시 그리울 것 같았기 때문입니다. 나는 당신께 어머니의 공덕을 이야기했고, 어머니의 죄를 용서해 주실 것을 간청했습니다! 주님, 오, 하느님, 이 책을 읽게 될 사람들이 나의 어머니이자 당신의 종인 모니카와 이 세상에서 그녀의 남편이었던 파트리키우스를 위해 제단 앞에서 기도하도록 인도해 주소서. 세상에 나를 태어나게 한 저들을 위해서 말입니다. 어떻게 하면 그들이 기도할 수 있겠습니까? 나는 그 방법을 알지 못합니다. 이 책을 읽는 사람들이 나의 고백을 통해 하느님 아버지 당신 안에서, 이 세상에서 저의 부모였던 사람들과 형제들을 기억하게 하소서. 당신은 내 어머니의 마지막 소원을 들어주실 것입니다.

내가 사랑하는 하느님, 당신은 누구십니까? 나는 땅에게 물었습니다. 땅이 말했습니다. "나는 결코 신이 아니다." 땅 위의 모든 것들이 똑같이 대답했습니다. 나는 바다와 그 심연, 물속을 헤엄쳐 다니는 물고기들에게 물었습니다. 그들 또한 대답하기를 "우리는 신이 아니다. 그러니 우리들보다 더 높은 곳에서 찾거라." 나는 바람과 공중의 새들에게 물었습니다. 그들 역시 말하기를 "철학자들은 우리를 만물의 근원으로 믿고 있지만 그들이 잘못 안 것이다."

나는 태양과 달에게, 하늘과 별에게 물었습니다. 하나같이 그들이 말하길 "우리는 네가 찾는 신이 아니다." 결국 나는 온 우주를 향해 물었고 그러자 온 우주가 대답했습니다. "바로 그분이 우리를 창조하셨다." 이렇게 당신의 피조물들은 자신들이 지닌 아름다움을 통해 나에게 말하고 있습니다. 그래서 나는 당신을 향했습니다. 그리고 내 귓가에 이런 말이 들려왔습니다. "그럼, 너는 누구냐?" 나는 대답했습니다. "나는 사람입니다. 나의 육신은 나의 영혼에 기대어 살아갑니다. 나의 영혼은 하느님 안에 있습니다. 또한 나의 행복은 하느님 안에서 기뻐하는 것입니다."

절대자를 향한 뜨거운 고백 아우구스티누스를 말하다 _ I

4세기경 알제리와 이탈리아 일대에서 활동한 신학자이자 사상가인 성 아우렐리우스 아우구스티누스Sanctus Aurelius Augustinus는 암브로시우스와 히에로니무스, 그레고리우스 등과 더불어 서방 교회의 4대 교부라 불리는 성인이다. 그의 저서《고백록Confessiones》은 교회는 물론 신학에서도 후대에 가장 큰 영향을 끼친 저술 중 하나이다.《고백록》은 아우구스티누스의 어린 시절부터 청년기에 이르기까지의 삶이 기록되어 있다는 점에서 자서전에 가깝게 보이기도 하지만 완전한 형식을 갖춘 자서전이라기보다는 '자전적' 기록의 성격이 더 강하다. 왜냐하면 이 기록은 현실의 독자들이 아닌 신을 상대로 쓰였으며 그런 의미에서 일종의 신앙 고백으로 볼 수 있기 때문이다. 그는 이 책을 통해 자신의 죄를 신에게 직접 고백할 뿐 아니라 신의 영광을 드러내고자 했다. 아우구스티누스가《고백록》을 쓴 것은 397년에서 398년 사이로 그의 나이 43세 때였다.《고백록》은 총 열 세 권으로 이루어져 있다. 1권부터 9권까지는 그의 출생부터 어머니의 죽음에 이르기까지 일련의 사건들이 기록된 연대기이다. 10권부터 마지막 13권까지는 내면의 성찰과 신을 찬양하는 내용으로 이루어져 있다. 1권부터 13권까지의 내용을 대략적으로 정리해 보면 다음과 같다.

1권. 어린 시절-최초의 죄에 대해 고백한다. 학교를 싫어하고 놀기를 좋아했다.
2권. 16세-선행이 싫어 도둑질을 하고 나쁜 친구들과 어울린다. 배를 훔쳐 돼지들에게 던져 준다.
3권. 연극을 보고 동정심이 일어난다. 키케로의《호르텐시우스》를 읽고 영향받는다. 마니교에 빠진다.
4권. 점성술에 관심을 갖는다. 친구의 죽음으로 큰 고통을 받는다.

5권. 29세-마니교에 대한 혐오감을 드러낸다. 로마와 밀라노에 가게 된다. 암브로시우스와 만난다.
6권. 30세-원형 경기장의 검투사 싸움에 빠져 있는 친구 알리피우스의 마음을 돌린다. 결혼하라는 어머니의 바람대로 동거하던 여인과 헤어지고 새로운 여자를 만나 약혼한다.
7권. 31세-플라톤주의자들과 그리스도교의 교리를 비교한다. 플라톤에게서 찾지 못한 것을 성경에서 찾는다.
8권. 폰티키아누스가 들려준 성 안토니우스와 그를 따라 수도의 길에 들어선 사람들의 이야기에 감동받는다. 어떤 목소리에 이끌려 성경의 한 구절을 읽게 된다.
9권. 어머니의 죽음에 가슴 아파하며 신과 독자들에게 어머니를 기억해 줄 것을 간구한다.
10권. 신의 놀라운 능력을 찬양하고 사람은 신과 함께 있을 때 행복하다고 말한다.
11권. 창조와 시간에 대해 이야기한다.
12권. 하늘과 땅에 대해 이야기한다.
13권. 창세기와 천지 창조에 대해 이야기한다.

아우구스티누스는 354년 오늘날의 알제리인 북아프리카의 소도시 타가스테에서 태어났다. 로마 시민이었던 그의 아버지 파트리키우스는 이교도였고 어머니인 모니카는 그리스도교 교도였다. 두 사람 사이에는 종교적 갈등이 있었지만 모니카는 남편이 죽기 전 그를 그리스도교로 개종시킨다. 어린 시절 아우구스티누스는 인근 도시인 마다우로스에서 교육을 받았지만 어려워진 가정 형편 때문에 다시 고향으로 돌아온다. 이 무렵 그는 이 책에도 언급되었듯이 단지 금지된 일을 저지른다는 즐거움에 배를 훔쳐 돼지에게 던져 준다. 그리고 카르타고로 유학을 떠나게 된 아우구스티누스는 로마의 웅변가이자 철학자인 키케로의 《호르텐시우스》를 읽고 크게 감명받는다. 또한 카르타고에서 알게 된 여인과의 동거를 통해 아들 아데오다투스를 얻게 된 아우구스티누스는 가르치는 사람이 되라는 아버지와 후원자의 뜻을 저버리고 마니교도가 된다.

고향인 타가스테로 돌아와 문법학을 가르치던 아우구스티누스는 자신의 동거 생활과 종교 문제로 인해 어머니와 갈등을 빚게 된다. 이후 마니교 지도자들과의 대화를 통해 그들의 학문적 수준과 종교관에 실망하게 된 그는 점차 마니교에서 벗어나기 시작하고, 로마에서 보다 우수한 학생들을 가르치고자 하는 욕심에 어머니의 만류에도 불구하고 집을 떠난다. 다시 밀라노로 가게 된 아우구스티누스는 그곳에서 수사학 교수가 되고 주교인 암브로시우스를 만나게 된다. 뒤를 따라 밀라노로 온 모니카의 간청에 아우구스티누스는 동거하던 여인과 헤어지고 어린 소녀와 약혼한다. 이 무렵 아우구스티누스는 암브로시우스의 설교를 듣게 되며 사도 바울의 서신도 읽게 된다. 특히 그와 동향인 폰티키아누스로부터 자신의 두 동료가 이집트의 수사 안토니우스의 생애가 기록된 책을 읽고 신

을 섬기기로 결심했다는 이야기를 듣고 크게 감화된다. 특히 그는 이 시기에 "들고 읽으라!"는 어떤 목소리에 이끌려 사도 바울의 〈로마서〉 13장 13절에서 14절, "낮에와 같이 단정히 행하고, 방탕과 술 취하지 말며, 음란과 호색하지 말며, 쟁투爭鬪와 시기하지 말고, 오직 주 예수 그리스도로 옷 입고 정욕을 위하여 육신의 일을 도모하지 말라."는 구절을 읽고 큰 깨달음을 얻는다.

387년 33세가 된 아우구스티누스는 마침내 아들인 아데오다투스, 그리고 알리피우스와 함께 암브로시우스에게 세례를 받게 된다. 그리고 고향으로 돌아가기로 결심하고 배를 기다리던 중 항구가 봉쇄되어 잠시 머물게 된 오스티아에서 어머니의 죽음이라는 큰 시련을 겪게 된다. 항구의 봉쇄가 풀리기까지 로마에 머물면서 저술 활동에 전념한 그는 이후 고향인 타가스테로 돌아와 친구들과 공동체 생활을 하게 된다. 알리피우스는 그 지역의 주교가

되었고, 아우구스티누스는 36세에 아들 아데오다투스를 잃고 이듬해인 391년 북아프리카의 도시 히포를 방문하여 발레리우스 주교에게 사제 서품을 받는다. 395년, 히포의 주교가 된 그는 430년 세상을 떠날 때까지 그곳에서 사제로서의 일생을 보낸다.

그리스도교 교도가 아니라면 아우구스티누스를 단지 가톨릭교회의 성인이자 성직자로만, 그의 저서《고백록》을 성직자의 신앙 고백으로만 볼 수도 있을 것이다. 그러나 우리는 그의 사상과 저서가 신학은 물론 철학에도 지대한 영향을 끼쳤다는 사실을 잘 알고 있다. 또한 우리는 이 고백을 통해 한 인간이 찾으려 애썼던 지혜와 절대자에 대한 숭고한 열망을 엿보는 것만으로 크게 감화될 것이다. 어린 시절 학교보다는 놀이를 더 좋아하고, 좀도둑질을 일삼고, 청년기에는 마니교라는 이교를 믿고 여자와 동거 끝에 아이까지 낳게 된 그의 이야기는 평범한 개인의 삶보다 더 방탕하게 느껴지기도 한다. 아들이 주님의 품으로 돌아오기를 기다리며 아들의 마음을 붙들기 위해 끊임없이 노력했던 어머니 모니카의 모습도 우리의 어머니와 다르지 않다. 오늘날 우리가《고백록》을 읽고 단지 종교적 신앙 고백으로만 느끼지 않는 것은 아우구스티누스의 '고백' 속에 자신의 치부를 드러내는 죄의 고백과, 방탕함 속에서도 놓을 수 없었던 삶의 진리에 대한 추구, 절대자를 향한 갈망 등이 진솔하게 기록되어 있기 때문일 것이다.

옮긴이 박아르마

선과 악의 근원을 찾아 떠나는 여정 아우구스티누스를 말하다 _Ⅱ

'그리스도Christ'는 고대 그리스 말로 '기름 부음을 받은 자'라는 뜻을 갖고 있다. 고대 그리스에서는 위인이나 왕들의 이마에 기름을 발라 그 위대함을 찬양했다. 하느님을 믿었고 그 하느님이 이 세상 모든 것을 창조했다고 믿었던 유대인들은 그들의 구세주인 그리스도가 나타나기를 고대하고 있었다. 예루살렘에서 예수가 태어나자 유대인을 제외한 많은 사람들은 예수를 그들이 기다리던 구세주라고 믿었고, 하느님의 아들이라고 생각했다. 예수가 죽은 다음 그 믿음은 더욱 강해져 결국 그의 행적을 찬양하고 찬미하는 하나의 종교가 생겨났다. 이것을 우리는 '그리스도교'라 부르고, 예수를 하느님의 아들이며 구세주라고 생각하고 믿는 사람들을 그리스도교 교도라고 말한다. 무슨 이유인지는 모르지만 로마 제국은 그 많은 종교를 다 버리고 그리스도교를 국교로 정했다. 그러나 로마 제국의 지배를 받던 나라들조차도 그리스도교가 무엇인지 알지 못했다. 로마 정부에서는 그리스도교를 알리고 가르칠 사람이 필요했고 철학을 공부한 많은 학자들이 이 일을 담당하게 되었다. 물론 이 학자들 중에는 이미 그리스도교의 신부가 된 사람들도 있었다. 이렇게 당시 로마 제국 사람들에게 그리스도교에 대해 가르치던 학자들을 '교부 철학자'라 하고, 이런 철학을 '교부 철학'이라고 부른다.

교부 철학자 중에서도 아우구스티누스는 특별한 철학자로 알려져 있다. 아우구스티누스는 교부 철학자로서의 명성뿐 아니라 교부 철학자가 될 때까지의 파란만장한 인생사로도 유명하다. 그리고 더 유명한 것은 그의 어머니 모니카의 헌신적인 사랑이다. 아프리카의 히포에서 주교까지 지낸 아우구스티누스가 처음부터 그리스도교를 믿었던 것은 아니다. 어머니의 헌신적인 노력과 희생이 없었다면 오늘날 철학자 아우구스티누스는 없었을 것이다.

아우구스티누스가 신에 대한 성찰과 찬양, 그리고 어머니에 대한 사랑과 감사의 마음을 담아 만든 책이 그 유명한 《고백록》이다. 《고백록》의 라틴어 제목은 《콘페시오네스 confessiones》로, '일어난 일을 있는 그대로 인정하고 그것을 말로 표현한다'는 뜻을 가지고 있다. 즉 《고백록》을 통해 아우구스티누스는 자신에게 일어난 일을 하나도 빠짐없이 그대로 인정하고 기록한 것이다. 그리고 그 대상은 하느님이었다. 그리스도교는 하느님에게 고백하는 단계를 다음과 같이 세 단계로 나누는데, 먼저 죄를 인정하고 참회하는 단계, 다음으로 신을 인정하고 찬미하는 단계, 마지막으로 은혜에 감사하는 단계이다. 아우구스티누스의 《고백록》에도 참회, 찬미, 그리고 감사의 마음이 담겨 있다.

아우구스티누스는 한 도시의 그리스도교 교도들을 책임지는 위치인 주교가 된 뒤 《고백록》을 썼다. 《고백록》에서 아우구스티누스는 자신이 그리스도인이 되기 전에 다른 종교를 믿으며 저지른 죄를 중심으로 고백하고 있다. 모두 열 세 권으로 구성된 《고백록》의 1권부터 9권까지에서는 자신이 누구인지, 어떤 죄를 지었는지에 대해서 이야기하고 이런 죄를 저지른 자신을 누군가가 지켜 주었다는 것도 잊지 않고 설명한다. 10권에서는 히포의 주교로서 자신은 과거의 자신과 다르며 누군가가 이끌어 주지 않았다면 주교의 위치에 오르는 일은 불가능했을 것이라고 말한다. 11권부터 마지막 13권에서는 주로 구약성서 중 창세기 편을 해석한 것이다. 그래서 이 부분은 부록으로 처리하는 경우가 많다.

아우구스티누스는 그리스도인이 되기 전 자신이 태어난 도시의 전통에 따라 마니교를 믿었다. 그가 그리스도교를 믿는 어머니 모니카의 간절한 설득에도 불구하고 마니교에 더 깊이 빠져든 이유는 간단하다. 그리스도교는 이 세상의 모든 것을 하느님이 창조했다고 말한다. 그러나 나쁜 것, 악한 것은 하느님이 창조한 것이 아니라 인간이 살아가면서 만들어 낸 것이라고 말한다. 즉 하느님은 이 세상의 좋은 것만 창조했고 나쁜 것은 인간이 만들었다는 것이다. 아우구스티누스는 이러한 교리를 도저히 이해할 수 없었다. 반면 마니교에서는 선과 악을 분명히 구별하고 있다.

3세기경 페르시아 왕국의 마니는 하나의 종교를 만들었다. 이것이 바로 조로아스터교와 불교, 그리스도교와 바빌로니아의 원시 신앙까지 더해져 새롭게 탄생한 자연 종교 마니교이다. 마니는 채식과 단식 등을 중요하게 여겼고, 남녀가 사랑을 나누는 것을 금지했으며, 시간이 있을 때마다 예배 드릴 것을 강조했다.

마니는 선은 밝음, 악은 어둠이라는 이원설을 주장했는데 마니교에서는 빛을 다스리는 신인 오르마즈드가 선을 담당하고 어둠을 다스리는 아리만이 악을 담당한다. 이 세상은 선과 악 혹은 밝음과 어둠이 서로 대결하는 장소로서 선과 악 중 어떤 신이 이기느냐에 따라 세상에는 선한 일과 악한 일이 생기며 사람의 행동도 마찬가지라는 것이다. 마니에 따르면 선은 인간의 정신을 지배하고 악은 육체를 지배한다. 결국 사람은 선한 정신과 악한 육체로 구성되어 있기 때문에 인간의 육체로 악을 설명할 수 있다는 것이다. 어쨌거나 아우구스티누스는 선과 악을 두 신의 싸움, 혹은 정신과 육체의 갈등으로 설명한 마니교의 교리를 충분히 이해할 수 있었다. 그러나 선은 하느님이 만든 것이고 악은 인간이 만든 것이라며 모든 잘못을 인간에게 돌리는 그리스도 교리는 이해할 수 없었다.

이런 이유 때문에 아우구스티누스는 어머니의 부탁과 기도에도 불구하고 쉽게 그리스도교로 개종하지 못한다. 하지만 철학을 가르치게 되면서 카르타고와 로마를 거쳐 밀라노까지 옮겨 가게 된 아우구스티누스는 밀라노의 주교였던 성 암브로시우스로부터 많은 영향을 받게 된다. 하지만 이때까지도 마니교의 사상을 완전히 버리지 못했고 그리스도교의 진리를 확신한 것도 아니었다.

아우구스티누스는 혼돈을 겪기 시작했다. 철학을 가르친 아우구스티누스는 그리스도교를 종교가 아닌 학문으로 이해하려 했다. 그러나 암브로시우스 주교와 어머니 모니카는 그리스도교를 학문이 아닌 종교로서 받아들이길 원했다. 결국 아우구스티누스는 병을 핑계로 철학 교수직을 그만두고 암브로시우스로부터 영세를 받은 다음 고향으로 돌아가 수도원과 같은 단체를 만들어 그리스도교를 알리기 위해 노력했다. 우연한 기회에 히포에 들렀다가 결국 죽을 때까지 그곳에서 머물게 된 것이다.

아우구스티누스는 철학의 대상으로서 신 존재 증명과 윤리학에 관심을 쏟았다. 로마 제국 사람들은 고대 그리스의 사상을 이어받아 로마 신화로 표현되는 많은 신들을 갖고 있었기 때문에 그리스도교에서 주장하는 유일신 사상에 의문을 품었다. 교부 철학자는 유일신에 대해 설명

해야만 했다. 사람들은 신이 정말로 존재하느냐고 물었고, 만약 존재한다면 어떻게 존재하는지 설명을 요구했다. 아우구스티누스도 예외는 아니었다.

신의 존재를 증명하는 일이 가능한 것인지는 모르겠지만, 다음 두 가지 방법에서 우리는 아우구스티누스가 신의 존재를 증명하려 했음을 알 수 있다. 먼저 아우구스티누스는 영원한 진리를 신이라고 생각했다. 진리란 결코 변하지 않으며 사람의 정신을 초월해 있는 것이기 때문에 우리 영혼에 내재하는 진리의 근원은 바로 신이라는 것이다.

다음으로 아우구스티누스는 행복에서 신의 존재를 찾고 있다. 만약 사람에게 영혼이 있다면, 그 영혼이 추구하는 것은 무엇일까? 아우구스티누스는 사람의 영혼이 원하는 것은 바로 행복이라고 보았다. 그러나 자기 안에서가 아닌 밖에서 찾는 행복은 완전할 수 없다. 신은 이러한 사실을 사람들에게 알려주기 위해 노력한다. 우리가 얻으려 노력하는 물질적인 것들은 시간과 장소에 따라 변하고,

그 변화에 따라 우리는 다시 불행해진다. 그렇다면 행복이 불행으로 바뀌지 않기 위해 필요한 것은 무엇일까? 그것은 바로 영속성이다. 아우구스티누스는 영원히 존재하며 사라지거나 변하지 않는 유일한 것, 그것을 신이라고 보았다.

성경에서 말하는 것처럼 신은 정말 전지전능하고 무에서 세상을 창조했을까? 이성적이고 합리적이었던 고대 그리스 사람들은 무에서 무언가를 창조한다는 것을 인정할 수 없었다. 그래서 가이아는 카오스에서 나오지만, 카오스가 어떻게 생겨났는지는 설명하지 않고 있다. 고대 그리스 신화의 신들은 세상 사람들과 함께 살면서 사람들의 일에 간여했지만, 성경의 신은 세상과 초월해 있고 세상의 법칙이나 자연법칙에 지배받지 않기 때문에 아무리 시간이 지나고 세월이 흘러도 변함이 없다.

아우구스티누스는 고대 그리스 철학의 영향을 많이 받았지만, 신의 문제만은 성경의 절대적이고 전지전능한 신을 택했다. 성경에 따르면 하느님은 6일 동안 세상의 모든 것을 만들었다. 그 후 하느님은 아무런 일도 하지 않았다. 그러나 세상은 하느님의 도움 없이 늘 새로운 것을 만들어 낸다. 아우구스티누스는 이것을 씨앗설로 설명한다. 즉 하느님은 이 세상에 있는 모든 물건에 씨앗을 두었고 그 씨앗에 의해 늘 새로운 것이 만들어지거나 생겨난다는 것이다. 바로 이 씨앗설에서 우리는 아우구스티누스의 윤리 사상을 찾아 볼 수 있다.

하느님은 자신의 모습에 따라 사람을 만들었다. 그래서 사람들은 항상 하느님을 닮으려고 노력하고, 하느님을 통해 행복을 찾으려 한다. 그래서 사람이 하느님의 뜻에 따라 살면 행복하고, 그렇지 못하면 불행한 것이다. 결국 아우구스티누스의 윤리는 행복주의 윤리라고 할 수 있다.

아우구스티누스는 이러한 윤리 사상을 바탕으로 그의 《고백록》에서 크게 세 가지 죄를 고백하고 하느님께 용서를 빌고 있다.

그는 어린 시절 친구들과 함께 배를 서리하기도 했고, 결혼을 하지 않고 여자와 동거하여 자식을 낳기도 했다. 뿐만 아니라 너무 어려서 기억도 못하는, 형제를 미워한 죄도 고백한다. 우연히 길을 가다 동생에게 젖을 물리는 어머니와 그 모습을 노려보고 있는 형의 모습을 보며 자신도 그러지 않았을까 생각하는 것이다. 또한 그는 주교가 된 다음에도 다섯 가지 감각을 통제하지 못한 죄, 신의 뜻을 이해하지 못하고 성서의 내용을 완전히 파악하지 못한 죄 등을 고백한다.

403년, 게르만의 한 부족이었던 반달족은 스페인을 지나 당시 로마 제국의 속국이었던 북아프리카를 공격하면서 자신들을 가로막는 모든 것을 부수고 파괴했다. 히포에 도달한 반달족은 히포를 완전히 파괴하고 불태웠지만 아우구스티누스의 성당만은 손대지 않았다고 한다. 반달족마저도 성직자로서 아우구스티누스의 삶과 철학에 크게 감화되었던 것이다. 아우구스티누스는 히포로 모여든 피난민과 전쟁 도중 반달족에 의해 부상당한 사람들을 돌보다가 일사병으로 세상을 떠났다.

철학자 서정욱

아우구스티누스를 더 알고 싶다면

《아우구스티누스의 윤리학》, W.S.뱁코크 지음, 문시영 옮
   김, 서광사, 1998.
《아우구스티누스 : 기독교의 가장 위대한 사상가》, 박경
   숙 지음, 살림, 2006.
《아우구스티누스 고백록》, 아우구스티누스 지음, 김평옥
   옮김, 범우, 2008.
《아우구스티누스 & 아퀴나스 : 신앙과이성사이에서》, 신
   재식 지음, 김영사, 2008.
《아우구스티누스 사상의 이해》, 에티엔느 질송 지음, 김
   태규 옮김, 성균관대학교출판부, 2010.

옮긴이 박아르마

서울대학교 대학원에서 프랑스 현대문학을 전공하여 박사 학위를 받았다. 지금은 건양대학교에 재직하면서 글쓰기와 토론 강의를 하고 있다. 지은 책으로《글쓰기란 무엇인가》,《투르니에 소설의 사실과 신화》가 있고, 번역한 책으로《살로메》,《춤추는 휠체어》,《까미유의 동물 블로그》,《에드몽 아부의 오리엔트 특급》,《축구화를 신은 소크라테스》, 그리고 철학그리다 시리즈 1권 소크라테스 편《죽음, 그 평화롭고 아름다운 영혼의 여행》, 2권 칸트 편《칸트 교수의 정신없는 하루》, 4권 데카르트 편《데카르트의 사악한 정령》등이 있다.

해제 서정욱

독일 하이델베르크대학교에서 철학박사 학위를 받았다. 현재는 배재대학교에서 철학을 가르치고 있다.
평소 철학적 사고는 어릴 때부터 이루어져야 한다는 생각을 가지고 어린이 철학과 철학의 대중화에 늘 관심을 가졌으며,《만화 서양철학사》를 발표함으로써 철학동화를 쓰기 위한 기초를 다졌다. 이후 초등학생과 중학생들을 위한 철학동화시리즈《거짓말과 진실》,《지혜를 사랑하는 사람들》,《플라톤이 들려주는 이데아 이야기》,《푸코가 들려주는 권력이야기》등을 발표하였고, 철학과 역사, 문학을 접목한《필로소피컬 저니》(문화관광부선정 우수교양도서)를 비롯해《철학의 고전들》(한국간행물윤리위원회 선정 청소년권장도서),《철학, 불평등을 말하다》,《배부른 철학자》,《지금은 철학자를 만나야 할 시간》등을 통해 청소년과 성인을 위한 즐거운 철학 읽기를 시도하고 있다.

아우구스티누스의 고백

"아우구스티누스"
AUGUSTINUS

초판 1쇄 발행 2014년 1월 27일

지은이 장 폴 몽쟁
그린이 마리옹 잔느로
옮긴이 박아르마
펴낸이 양소연

기획편집 함소연 디자인 하주연 이지선
마케팅 이광택 관리 유승호 김성은 인터넷사업부 백윤경 이정돈 최지은

펴낸곳 등록번호 제25100-2001-000043호 등록일자 2001년 11월 14일

주소 서울 금천구 디지털로 9길 68, 1105호(가산동, 대륭포스트타워 5차)
대표전화 1688-4604 팩스 02-2624-4240 홈페이지 www.cobook.co.kr
ISBN 978-89-97680-06-1(04100)
        978-89-97680-00-9(set)